TRABAJADORES DE NUESTRA COMUNIDAD

PANADEROS

CHRISTINE HONDERS

TRADUCIDO POR ROSSANA ZÚÑIGA

PowerKiDS press

New York

Published in 2020 by The Rosen Publishing Group, Inc.
29 East 21st Street, New York, NY 10010

First Edition

Translator: Rossana Zúñiga
Spanish Editor: Alberto Jiménez
Editor: Greg Roza
Book Design: Reann Nye

Photo Credits: Cover, p.1 Diana Haronis Marc Romanelli/Getty Images; pp. 4–22 Abstractor/Shutterstock.com; p. 5 LightFieldStudios/iStoc /Getty Images Plus/Getty Images; p. 7 Chamille White/Shutterstock.com; p. 9 Jerry U/Shutterstock.com; p. 11 LightField Studios/Shutterstock.com; p. 13 antoniodiaz/Shutterstock.com; p. 15 Monty Rakusen/Cultura/Getty Images; p. 17 Dusan Petkovic/Shutterstock.com; p. 19 Hero Images/Getty Images; p. 21 Iliana Mestari/ Moment/Getty Images; p. 22 LightField Studios/Shutterstock.com.

Library of Congress Cataloging-in-Publication Data

Names: Honders, Christine, author.
Title: Panaderos / Christine Honders.
Description: New York : PowerKids Press, [2020] | Trabajadores de nuestra comunidad | Includes index.
Identifiers: LCCN 2019011625| ISBN 9781725312579 (pbk.) | ISBN 9781725312593
(library bound) | ISBN 9781725312586 (6 pack)
Subjects: LCSH: Baking. | Cookies. | Pies. | Pastry. | Bread.
Classification: LCC TX763 .H5866 2020 | DDC 641.81/5-dc23
LC record available at https://lccn.loc.gov/2019011625

Manufactured in the United States of America

CPSIA Compliance Information: Batch #CWPK20. For Further Information contact Rosen Publishing, New York, New York at 1-800-237-9932.

CONTENIDO

La panadería del vecindario

Muchos vecindarios tienen una panadería. Percibes el olor desde antes de cruzar la puerta. Hay mucho para escoger: panecillos, pan, pasteles, galletas. Puedes encontrar lindas tortas de cumpleaños para comprar. ¿Y quién prepara todas estas delicias? ¡El panadero!

Lo básico de hornear

Los productos horneados se preparan mezclando distintos **ingredientes** y calentándolos en un horno. Los panaderos hacen pan mezclando **harina**, agua, sal y **levadura**. ¿Alguna vez has notado que el pan está lleno de agujeritos? Un gas creado por la acción de la levadura produce esos agujeros.

La historia del horneado

Para los **antiguos** egipcios, hornear era una forma de arte. En la antigua Roma, ¡los panaderos tenían una posición social muy elevada! Pero a principios del siglo XX, la gente iba a las panaderías de su vecindario a fin de comprar lo que necesitaban para el día. Hoy, la mayoría compra el pan elaborado en las fábricas.

Horno para pan, antigua Roma

Qué hacen los panaderos

Los panaderos conocen muchas **recetas**. Miden y mezclan los ingredientes para preparar la **masa** del pan o de los dulces. Estiran y **amasan** la mezcla. Calientan el horno a la **temperatura** adecuada porque no quieren que el pan o los dulces que preparan ¡se quemen!

El panadero de tu vecindario

Los panaderos del vecindario trabajan en pequeñas panaderías. Algunos lo hacen en los supermercados. Preparan diferentes productos, incluyendo dulces para fiestas. Si quieres un pastel que diga "Feliz cumpleaños, abuelita" entonces... ¡acude al panadero!

Panaderos comerciales

Los panaderos **comerciales** trabajan en fábricas. Hornean productos en grandes cantidades que luego envían a las tiendas. Son responsables de productos horneados de forma rápida. Saben usar grandes mezcladoras y hornos, y se aseguran de que los ingredientes utilizados sean seguros para el consumo humano.

LIFT THIS FLAP
16kg net

Para ser panadero

Los panaderos utilizan las matemáticas para medir los ingredientes. Aprenden cómo tener cuidado con la comida para que nadie enferme. Algunos van a escuelas de cocina. Otros aprenden trabajando directamente con panaderos que llevan mucho tiempo en el oficio.

Más que hacer galletas

¡Hornear es una ciencia! Si no sigues las instrucciones de la receta correctamente, podría no funcionar. Si usas ingredientes o temperaturas inadecuados, tus galletas podrían resultar y saber ¡como discos de *hockey*! Los panaderos son científicos que hacen pruebas con los ingredientes para estar seguros de que son los debidos.

El arte de hornear

A ciertos panaderos les gusta que sus pasteles luzcan tan bien como saben. Preparan pasteles ¡que ni siquiera lo parecen! Utilizan utensilios especiales para convertir el azúcar y el chocolate en flores, árboles o animales. Especializados en repostería, convierten sus pasteles en obras de arte.

Hacer una mejor comunidad

Los panaderos a menudo trabajan desde muy temprano hasta muy tarde. Pero ver la sonrisa en el rostro de quienes llegan a recoger el pan o los dulces bien vale la pena.

Los panaderos son parte importante de nuestra comunidad. Hornean cosas que hacen feliz a la gente.